RÉPUBLIQUE DU HONDURAS

Projet de Colonisation

PRÉSENTÉ

A SON EXCELLENCE MONSIEUR LE MARÉCHAL DON JOSÉ-MARIA MÉDINA

Président de la République du Honduras

PAR

PAUL P. DU BELLET

PARIS

TYPOGRAPHIE ET LITHOGRAPHIE ALCAN-LÉVY

Boulevard de Clichy, 62

RÉPUBLIQUE DU HONDURAS

Projet de Colonisation

PRÉSENTÉ

A SON EXCELLENCE MONSIEUR LE MARÉCHAL DON JOSÉ-MARIA MÉDINA

Président de la République du Honduras

PAR

PAUL P. DU BELLET

A Monsieur le Comte de Bustelli-Foscolo

CONSUL GÉNÉRAL DES ÉTATS DU HONDURAS ET DU SALVADOR

EN ITALIE

Monsieur,

Les nombreuses conversations que nous avons eues sur la République
du Honduras et sur son manque de population m'ont engagé à formuler
un projet de colonisation conforme aux idées que je vous ai soumises et
que vous avez bien voulu approuver.

La philosophie de ce projet découle tout entière de la législation
domaniale des Etats-Unis. D'une grande simplicité et d'une application
facile, il est appelé à développer la prospérité du Honduras.

Né en Amérique, j'ai vu fonctionner le mécanisme de son système
colonisateur; j'ai pu apprécier la séduction qu'il exerce sur les classes
laborieuses qui abandonnent leur mère patrie, j'ai vu arriver ces hardis
pionniers dont la hache a porté la civilisation dans nos forêts vierges, j'ai
eu l'occasion d'étudier les mœurs et les habitudes de l'émigration.

Enfin, mes observations en Europe, pendant un séjour de dix années,
me donnent la certitude que des efforts intelligents et bien dirigés peuvent
et doivent conduire, dans votre belle et fertile contrée, ce travail si fécond
en richesses qui ne se rend plus aux Etats-Unis qu'avec un sentiment de
pénible appréhension.

La période sanglante que la grande République américaine vient de
traverser a considérablement modifié ses institutions politiques; elle a

profondément altéré ses traditions libérales. Les armes ont cessé de faire entendre leurs lugubres détonations, mais la discorde règne dans toutes les classes de la société américaine. La guerre n'a quitté les champs de bataille que pour s'implanter dans les conseils de la nation. Le président et les chambres vivent en état d'hostilité; le peuple gémit sous le poids d'une dette nationale qui paralyse le commerce, ébranle l'industrie et tue l'agriculture ; les affranchis n'attendent qu'une circonstance favorable pour revendiquer une égalité qui doit forcément entraîner une guerre de race. Telle est la situation réelle de ce pays jadis si florissant, de ce gouvernement que l'on se plaisait à citer comme l'idéal de la perfectibilité administrative.

En présence de ces faits, il n'est pas difficile de comprendre l'hésitation qui s'empare des populations qui émigrent ordinairement aux Etats-Unis. Le moment est donc très propice pour tourner leurs regards vers le Honduras. Là, au contraire, tout les convie à répondre au généreux appel des indigènes : Votre sol est plantureux et luxurieux; vos lois garantissent aux étrangers la sécurité la plus complète : l'hospitalité hondurienne, mise en relief avec tant de talent par l'ouvrage de votre honorable ministre à Paris, M. Victor Herran, assure aux émigrants une réception chaude et fraternelle ; la loyauté de votre gouvernement, l'extrême bienveillance de Son Excellence don José-Maria Médina, ses brillantes qualités et sa haute intelligence administrative promettent aux travailleurs sérieux des avantages que l'Amérique du Nord ne peut plus leur offrir.

Tout, dans le Honduras, ses lois libérales, son climat délicieux, la générosité native de ses habitants, la forme de son gouvernement, ainsi que l'honorabilité proverbiale de son président, inspireront à l'émigrant la confiance la plus absolue.

Fort de cette conviction, que vous partagez avec moi, je viens mettre au service de l'Etat du Honduras mon expérience, mes efforts et mon dévouement, sous quelque forme qu'il plaise au président d'accepter mon concours. Je serai heureux, monsieur le consul général, de travailler à la grande œuvre de la colonisation Hondurienne avec les hommes distingués qui représentent la République en Europe.

Si Son Excellence M. le maréchal Médina pense, dans sa haute sagesse, que mon plan de colonisation puisse être de quelque utilité au pays dont il dirige les destinées ; s'il juge à propos d'en faire l'application, je prierai Son Excellence de vouloir bien consacrer aux premiers enfants d'adoption que nous enverrons à la jeune République des terres situées dans des zones tempérées et capables de produire des céréales. Ces terres devront être, autant que possible, près d'un cours d'eau navigable, d'une route ou d'un port ayant un accès facile. Il est important qu'au début nos colons se trouvent en présence d'une culture qui leur soit familière. Cette suggestion a pour seul but de ne pas compliquer les difficultés qu'ils auront à surmonter.

Je vous prie, monsieur le consul général, de vouloir bien présenter ce travail à Son Excellence le maréchal Médina, président de la République du Honduras, et agréer l'assurance de ma haute considération.

PAUL P. DU BELLET.

REMARQUES PRÉLIMINAIRES

Sommaire de la Législation en vigueur dans l'Union américaine au sujet des terres publiques.

La facilité de prise de possession et d'occupation des terres domaniales, la liberté de culture et de mouvement assurée à l'émigrant par la législation des Etats-Unis, y ont, sans aucun doute, provoqué le développement et la prospérité si connus de tous.

Assimiler, par des dispositions particulières à la République du Honduras, le système d'avantages offerts à l'émigrant par la législation américaine, telle est toute l'économie du projet que nous présentons.

Aux Etats-Unis, toutes les terres non occupées à titre précaire, ou non représentées par des titres de propriété définitifs, appartiennent au domaine.

Ces terres sont soumises à un arpentage sommaire et expéditif, progressant avec l'extension continue du peuplement.

Cet arpentage consiste, en résumé, à diviser les terres publiques en superficies de 36 milles carrés, mesurant 6 milles de côté; ces étendues s'appellent Townships.

Chaque 36ᵉ de Townships, soit une section ou mille carré, a pour superficie 640 acres ou 259 hectares. Elle est subdivisée en quart ou en huitième, soit 80 ares ou 32 hectares 25 centiares.

Township de six milles de côté.

Section d'un mille carré et quarts de section.

N

O — E

S

6	5	4	3	2	1
7	8	9	10	11	12
18	17	16	15	14	13
19	20	21	22	23	24
30	29	28	27	26	25
31	32	33	34	35	36

O — E

N ... S

Section d'un mille carré et huitièmes de section.

N

O — E

S

Nota. — La section n° 16 est toujours réservée comme propriété des écoles publiques du Township.

Les Etats-Unis ont rejeté en principe les concessions gratuites et ont fixé le prix invariable des terres publiques à dollar 1,25 (fr. 6,69) l'acre, équivalant à fr. 16,52 l'hectare, ce qui donne, huitième de section, dollars 100 (fr. 535); section entière, dollars 800 (fr. 4,280).

Tout individu peut, à son choix, sur un des points quelconques des terres publiques arpentées ou cadastrées, prendre possession d'une étendue d'un huitième de section au minimum et d'une section entière au maximum.

Cette prise de possession ne constitue, pour lui, aucune obligation, si ce n'est celle de payer le prix.

Mode de prise de possession et droits de l'occupant.

Les terres cadastrées sont subdivisées en arrondissements étendus, au centre desquels se trouve un bureau des terres.

A ce bureau sont déposés les plans et cartes des terres cadastrées.

L'émigrant qui prend possession d'une terre constate au bureau de son district celle qu'il a choisie. Un certificat de cet enregistrement lui est donné. Ce certificat constitue un titre provisoire indiscutable et porte le titre de Certificat de droit de préemption.

L'occupant peut quitter sa concession et, se réservant alors ses droits pour plus tard, en occuper une autre. Il reçoit dans ce cas un certificat de droit flottant en échange du premier.

L'occupant qui a soldé le prix de la terre reçoit un certificat de propriété.

Ces trois certificats sont transférables par endossement.

Mode de paiement.

Il n'y a pas de terme fixé pour le paiement du prix d'une portion des terres publiques par l'occupant qui veut jouir des droits ci-dessus indiqués. Le gouvernement ordonne de temps à autre la vente à l'encan d'une portion de ces terres. L'occupant doit alors acquitter le prix fixé avant le jour indiqué pour la vente. S'il néglige de le faire, et si un tiers en devient adjudicataire et paie, l'occupant est déchu de tous droits à la terre.

Une étendue de terre ayant été une fois mise en vente, tout individu peut ensuite se rendre acquéreur de toute portion non occupée par droit de préemption en en acquittant le prix au bureau des terres. Le tout sans autre condition.

L'occupant d'une terre publique n'a aucune imposition à payer jusqu'à ce qu'il soit devenu propriétaire définitif en payant le prix de la concession.

Tel est, sommairement, l'ensemble des mesures législatives et administratives qui règlent aux Etats-Unis les dispositions des terres publiques dans les Etats et dans les territoires.

PROJET

POUR LE

Peuplement de la République du Honduras

L'émigration européenne, qui s'est jusqu'ici portée sur l'Amérique du Nord, n'a pas encore pris la route de l'Amérique centrale. Je m'offre pour la conduire dans le Honduras.

Je n'ai pas à examiner pourquoi l'émigrant refuse de se laisser mettre en tutelle et d'accepter même une protection trop prévoyante. Je n'ai pas à demander s'il a raison de réclamer complète indépendance dans l'application de son activité et dans le choix de ses cultures, de son commerce, de son industrie. Je signale ces questions à la haute prudence de Son Excellence M. le ministre, parce que de leur solution dépend la possibilité du peuplement continu de la République du Honduras par l'émigration européenne.

Il faut cependant insister sur une vérité. L'homme dépaysé n'a, en touchant au sol de son adoption, ni argent ni temps à perdre, et tout émigrant a pour but principal et immuable, dès l'arrivée, l'augmentation certaine de son bien-être par l'application de son travail à la terre.

Il veut tenir d'abord avec sécurité, par simple mais indiscutable possession, la terre dont il paiera le prix ultérieurement, et qu'il veut détenir, en attendant, libre de toutes charges ou impositions.

La gratuité de la concession lui importe peu, pourvu qu'un long crédit lui soit accordé.

Dans l'ordre des idées de l'émigrant, ordre d'idées qu'il faut accepter pour s'assurer sa participation, l'opération doit s'accomplir ainsi :

1º Le capital, quel qu'il soit, dont il est porteur, ou dont il dispose initialement, doit être par lui affecté intégralement à l'installation et à la mise en valeur de la terre. Il a conscience qu'il contribue ainsi à la richesse publique et pense avoir droit aux faveurs des Etats qui l'appellent;

2º Les fruits produits doivent servir à solder le prix d'acquisition;

3º Les émigrants, soit qu'ils possèdent plus ou moins de capital, veulent prendre conseil uniquement de leur aptitude et rester seuls juges de la suffisance ou du mode d'emploi de leurs ressources;

4º Ils ne comprennent, de la part d'un gouvernement, d'autre contrôle que celui qui est relatif au paiement des échéances stipulées.

Dès l'arrivée, celui qui en a le pouvoir se met à l'œuvre sur la terre (1).

Celui qui est dénué de moyens retarde ce moment jusqu'à ce qu'il ait constitué une épargne qu'il demande à un travail salarié.

De là résultent deux catégories distinctes que la République peut contenter par ses terres domaniales à cultiver et par ses travaux à exécuter.

Ces remarques n'ont d'autre but que d'exprimer les conditions du problème. Ces conditions sont obligatoires pour que l'émigrant soit satisfait, soit mis à même d'affirmer son bien-être à d'autres et devienne le plus actif, le seul instrument de propagande. Son concours est indispensable pour maintenir la continuité du courant dans une direction donnée.

L'économie du système que j'ai l'honneur de proposer peut se réduire aux termes suivants :

« Détourner une partie de l'émigration européenne, allemande surtout,

---

(1) On se représente en général le personnel de l'émigration comme dénué de ressources. C'est une erreur pour l'émigration allemande qui emporte avec elle un capital important. Le relevé des registres du bureau des commissaires d'émigration établi à New-York donne les résultats suivants pour 1856 : New-York a reçu cette année-là 141,625 émigrants venant de vingt et un ports d'Europe. Ils en ont apporté une somme totale de dollars, 9,642,104, soit, francs 51,585,256, au change de 5.35, c'est-à-dire en moyenne par tête, francs 364 environ.

« pour contribuer au peuplement du Honduras et pour fournir la main-
« d'œuvre nécessaire aux grands travaux de la République, et destiner ces
« travaux eux-mêmes à être le moyen le plus prompt et le plus certain
« pour opérer le peuplement. »

Les concessions de terres ne doivent être qu'un prêt en nature que fait
le gouvernement. Leur prix invariable est fixé d'avance comme les termes
des paiements.

Je propose de déterminer les dimensions, prix et modes de paiement
des concessions de terres comme suit :

Lots de cent hectares, à 12 fr. l'un (1), soit . . . . . fr. 12,000
Nota. — Ces lots seront déterminés sans avoir égard à la nature des
superficies.

Paiement intégral du prix, en tout cas par tiers, les 6me, 7me et 8me années,
avec facilité pour l'occupant de payer par anticipation.

Je propose encore, pour que le peuplement puisse s'opérer facilement,
un enregistrement des terres cadastrées et alloties, et la délivrance gra-
tuite à l'émigrant d'un certificat de prise de possession, conformément
aux indications cadastrales ; les termes et échéances des paiements devant
être calculés à partir de la date de cet enregistrement.

Etant donné le plus grand nombre possible de points où l'allotissement
s'opère sans discontinuité, je demande que l'indication de ces relevés, à
mesure qu'ils progressent, soient constamment tenus à la disposition du
public dans chacun des ports de débarquement.

Je demande, en outre, à être régulièrement informé et muni de copies
des plans et documents, pour qu'à mon tour je puisse faire comprendre à
l'émigrant les circonstances relatives à chaque district et le déterminer,
pour ainsi dire, dans son choix dès avant son départ.

Je demande que des bons de terres, mentionnant les superficies de
100 hectares à concéder sans indication de localité, mentionnant aussi les
obligations réciproques de l'émigrant et du gouvernement, me soient
délivrés en blanc. Je remplirai les noms et autres indications concernant

(1) 15 fr. l'hectare est le prix des terres publiques aux États-Unis.

l'émigrant et lui remettrai avant son départ ce bon de terre donnant droit au porteur de faire son choix à l'arrivée dans le Honduras.

Un tel document constatant ce droit à distance, sous forme tangible, deviendra un puissant levier d'émigration. Ce bon sera d'abord nominatif dans sa forme et deviendra transférable par endossement, par le seul fait de la prise de possession résultant du certificat d'allotissement inscrit au dos du bon.

Je me charge de diriger sur le Honduras une émigration d'autant plus rapide que ces conditions auront été complètement réalisées.

Cette question générale étant indiquée dans ses plus importants détails, j'ai l'honneur de faire au gouvernement de la République du Honduras la proposition suivante :

Je deviendrai son agent direct pour le recrutement des émigrants en Europe et leur conduite dans la République.

Je distribuerai les bons qui me seront remis, et chaque porteur aura le droit de prendre immédiatement possession d'une des concessions cadastrées.

Je ferai retour, pour règlement, de tous les talons de ces mêmes bons.

Les porteurs auront droit aux signatures et visas gratuits des autorités de Honduras sur leurs passeports.

Ils seront logés, nourris à l'arrivée et dirigés aux frais du gouvernement à leurs destinations.

Ils auront le droit d'abattre et d'employer à leur usage les bois et matériaux sur les propriétées concédeés.

Ils procéderont à leurs installations, établissements, industries et cultures en toute liberté.

Le gouvernement fera et entretiendra les routes et chemins en bon état, procédera à la construction des églises ou temples pour la célébration des cultes reconnus, des écoles et autres édifices publics, et pourvoira à l'éducation des enfants.

Il promet, en outre, de faciliter, quand il y aura lieu, la création de centres de population par tous moyens en son pouvoir.

J'ai indiqué les conditions qui, pour moi, sont obligatoires pour que le peuplement d'une contrée par l'émigration soit prospère.

Je n'ai rien inventé, j'ai consulté l'expérience acquise dans d'autres pays, en ayant soin de remplacer, par des obligations spécialement définies, celles que des lois générales, bien connues de tous, y ont établies. J'ai, en outre, indiqué la façon dont je comprends que mon concours puisse être utile au Honduras.

Je demande, à titre de commission, une prime de 250 fr. par tête d'émigrant, homme ou femme, âgé de plus de dix ans, venu à Honduras par mon intermédiaire, avec faculté pour moi de régler le compte de ces primes pour chaque convoi débarqué à destination.

Cette prime sera réglée ainsi : 1/3 comptant payé par le trésor de la République, les deux autres tiers en bons du Trésor payables à la troisième et quatrième année de leurs dates et portant intérêt à 6 fr. 0/0.

PAUL P. DU BELLET.

9575. — Paris. — Typographie et Lithographie Alcan-Lévy, boul. de Clichy, 62.

1,200 francs

PAYABLES PAR TIERS, A 6, 7 ET 8 ANS

nduras

Le présent certificat deviendra transférable par endossement, quand il portera au dos un certificat du bornage de la
concession.

		A PAYER
Le		18
Le		18
Le		18
Signature ou marque de l'Émigrant :		

à l'Emigrant
tion qu'à ses
commerciale

ssion indiscu-

prise de pos-
de la Répu-

par endosse-
nage. Jusque-
nsfert ci-des-

cession, devra
son installa-
ion au mieux
erté pleine et
e ses intalla-

l'intéressé recevra un titre définitif à la propriété. Ce titre lui
sera délivré en échange du présent bon et sans frais.

ART. 10. La terre concédée sera exempte de taxes ou impositions jusqu'à délivrance du titre définitif.

ART. 11. En cas de décès de l'occupant, ses héritiers seront
mis en possession de tous ses droits et priviléges sur la concession, mais ils seront tenus d'acquitter et de remplir toutes ses
obligations selon les lois en usage dans le pays.

ART. 12. Le porteur du présent bon peut, à son arrivée à
Honduras, n'en point faire usage s'il préfère travailler pour le
compte de tiers. Dans ce cas le gouvernement sera déchargé
vis-à-vis de lui de toutes les obligations ci-dessus stipulées,
jusqu'à ce qu'il demande à être mis en possession d'une concession.

RÉPUBLIQUE DU HONDURAS

Ministère

BON pour une CONCESSION DE TERRES DOMANIALES délivré le

186 , à M

SIGNATURES, SCEAU ET TIMBRE.

OBSERVATIONS.

Noms et Prénoms de l'Émigrant. . . .
Age. . . .
Profession. . . .
Résidence en Europe. . . .
Marié, veuf ou célibataire. . . .
Nombre d'enfants. . . .
Parents qui l'accompagnent. . . .

BON
POUR CENT HECTARES DE TERRE

Nº ————

République du Honduras

MINISTÈRE

186

1,200 francs

PAYABLES PAR TIERS, A 6, 7 ET 8 ANS

Le présent bon nominatif et non transférable a été délivré le
à M

Nom de l'Émigrant	
Prénoms	
Age	
Profession	
Sa résidence en Europe	
Marié, veuf ou célibataire	
Nombre d'enfants	
Parents qui l'accompagnent	

Le Gouvernement du Honduras garantit à l'Émigrant rendu à sa destination la même protection qu'à ses nationaux et lui assure la liberté civile, commerciale et religieuse.

Le présent certificat deviendra transférable par endossement, quand il portera au dos un certificat du bornage de concession.

		A PAYER
Le	18	
Le	18	
Le	18	

Signature ou marque de l'Émigrant :

Article 1er. Ce bon donne droit à la possession immédiate de 100 hectares.

Art. 2. M... et sa famille auront droit aux signatures et visas gratuits sur leur passeport ou autre pièce.

Art. 3. M... et sa famille seront logés et nourris aux frais du gouvernement pendant un mois après leur débarquement à Honduras. Ils seront, à première réquisition, dirigés sans frais pour eux sur leurs concessions; ils y recevront les secours médicaux nécessaires.

Art. 4. Le gouvernement promet de faciliter, par tous les moyens en son pouvoir, la création de centres de population; il procédera à la construction des églises et temples pour la célébration des cultes reconnus. Il élèvera des écoles et autres établissements municipaux. Il pourvoira à l'éducation des enfants et aux services des cultes. Il établira et entretiendra avec le concours des Émigrants eux-mêmes, les routes, et prendra toutes mesures relatives à la protection personnelle des Émigrants.

Art. 5. M... arrivé au port de débarquement doit, avec sa famille, se faire reconnaître et faire enregistrer son bon de concession; une fois à destination, il sera sans délai mis en possession de la concession par lui choisie, et il sera procédé à un bornage, dont certificat sera inscrit au dos du présent bon, qui deviendra alors le titre officiel de M... à la possession indiscutable des terres y mentionnées.

Art. 6. Le porteur du présent bon sera, dès la prise de possession de la terre, considéré comme un citoyen de la République du Honduras, s'il le désire.

Art. 7. M... pourra transférer le présent bon par endossement, lorsqu'il portera au dos le certificat de bornage. Jusque-là il restera nominatif et non transférable. Le transfert ci-dessus mentionné doit être enregistré.

Art. 8. M... une fois en possession de sa concession, devra sans délai, à moins de force majeure, procéder à son installation et commencer à mettre en valeur sa concession au mieux de ses moyens et comme il l'entendra. Il aura liberté pleine et entière pour le choix et pour le développement de ses installations, de son industrie et de ses cultures.

Art. 9. L'occupant deviendra propriétaire de la terre concédée en payant au trésor public la somme de 1,200 fr., qui devront être soldés à raison de 400 fr. par an, et d'avance, les 6e, 7e et 8e années; l'occupant pourra, à toute époque, payer cette somme par anticipation. Les paiements seront mentionnés à leur date au dos du présent bon. Après paiement intégral, l'intéressé recevra un titre définitif à la propriété. Ce titre sera délivré en échange du présent bon et sans frais.

Art. 10. La terre concédée sera exempte de taxes ou impositions jusqu'à délivrance du titre définitif.

Art. 11. En cas de décès de l'occupant, ses héritiers seront mis en possession de tous ses droits et privilèges sur la concession, mais ils seront tenus d'acquitter et de remplir toutes obligations selon les lois en usage dans le pays.

Art. 12. Le porteur du présent bon peut, à son arrivée à Honduras, n'en point faire usage s'il préfère travailler pour compte de tiers. Dans ce cas le gouvernement sera déchargé vis-à-vis de lui de toutes les obligations ci-dessus stipulées jusqu'à ce qu'il demande à être mis en possession d'une concession.

Art. 13. Tout chef de famille pourra réunir sur sa tête concessions diverses revenant à sa femme et à ses enfants mineurs, moyennant qu'il remplisse exactement toutes les clauses ci-dessus.

Art. 14. Les membres d'une même famille recevront, autant que faire se pourra, des concessions limitrophes ou voisines quelle que soit l'époque de leur arrivée.

SIGNATURE, SCEAU ET TIMBRE